Patterson Jean
&
Michel Maraney

Le secret de la Frappe rythmée :

Maîtriser un clavier
QWERTY en 10 heures

Avec vidéo de demonstration

Edition : Avec peu d'effort

Table of Contents

Contributeurs 1
Collection 2
Sommaire... 3
Description.. 4
I.- Prélude 6
II.- Les conseils pratiques 9
III.- Exercices physiques pour dégourdir les doigts, assouplir les poignets et mieux maîtriser le clavier .. 17
IV.- Première heure: Les notions de base 23
V.- 2ème heure: la maitrise de la ligne de base 32
VI.-3ème heure: Comme accéder aux touches éloignées de la rangée de base 36
VII.- 4ème heure : La troisième rangée QWERTY .. 39
VIII.- 5ème heure : La première rangée 45
IX.- 6ème heure : Les Chiffres (Clavier QWERTY) 54
X.- 7ème heure: Les mots simples et la technique de la non sub-vocalisation 60
XI.- 8ème heure : les dictées simples 74
XII.- 9ème heure : Les majuscules et les caractères spéciaux 77
XIII.- 10ème heure : L'utilisation du « bandeau» et les dictées niveau 1 96
XIV.- Conclusion... 99
Une note de 101

Contributeurs : Michel Maraney, Patterson Jean, Teddy Keser Mombrun, Gfx Expert2

Dans la même Collection "la maîtrise du clavier" et par les mêmes auteurs vous trouverez les tutoriels suivants :

Livre 1.- Le Secret de la Frappe Rythmée : Maîtriser une clavier QWZERTY en 10 heures. (Version française)
Allez sur : http://www.amazon.com/dp/B018SOJWP8

Livre 2.- Le Secret de la Frappe Rythmée : Maîtriser une clavier QWZERTY en 10 heures. (version anglaise) .
Allez sur : http://www.amazon.com/dp/B018SKR40M

Sommaire

Description

I.- Prélude

II.- Les Conseils Pratiques

III.- Exercices physiques pour dégourdir les doigts, assouplir les poignets et mieux maîtriser le clavier

IV.- Première heure : Les Notions de Base

V.- Deuxième heure: La maîtrise de la ligne de base

VI.- Troisième heure: Comment accéder aux touches éloignées de la rangée de base

VII.- Quatrième heure: La troisième rangée QWERTY

VIII.- Cinquième heure: La première rangée

IX.- Sixième heure: Les chiffres (clavier QWERTY)

X.- Septième heure: Les mots simples et la technique de la non sub-vocalisation

XI.- Huitième heure: Les dictées simples

XII.- Neuvième heure: Les majuscules et les caractères spéciaux

XIII.- Dixième heure: l'utilisation du "bandeau" et les dictées, niveau 1

XIV.- Conclusion

Une note de l'auteur

Table des Matières

Description

Ce tutoriel a pour objectif de vous permettre de maitriser rapidement un clavier d'ordinateur (clavier américain QWERTY en particulier) et de tapoter dessus sans faute et sans regarder vos mains ou votre écran avec neuf doigts. En suivant la méthode décrite dans cette brochure vous pourrez acquérir une vitesse et une précision appréciables en un temps record. Par ce procédé, vous n'avez rien à mémoriser. En l'appliquant, vous saurez automatiquement la position de toutes les touches du clavier.

Deux exercices physiques en rapport avec la formule proposée dans ce bouquin vous sont présentés. Ils serviront à dégourdir vos doigts et à assouplir vos poignets avant chaque séance. De nombreux exercices pratiques de dactylographie corroborent les théories abordées. Ils sont simples, faciles et à la portée de tous.

Toutes les étapes pour lever le bon doigt et frapper la bonne touche y sont exposées en se basant à chaque fois sur l'un des exercices physiques appropriés déjà présentés. Les conseils donnés dans ce cours sont de nature à vous éviter certains défauts de placement de vos doigts et à améliorer votre vitesse. Que vous ayez 7 ans, 77 ans ou plus, les résultats observés lors de votre apprentissage devraient être satisfaisants si vous suivez cette méthode. N'hésitez donc pas à vous procurer de celle-ci, elle vous sera très utile.

I.- Prélule

Avec l'évolution rapide des nouvelles technologies de l'information et de la communication (NTIC) certains métiers, naguère importants voire indispensables, ont tendance à disparaître. Et, pour ne pas être en retard par rapport aux avancées technologiques, pour nous adapter aux nouveaux changements et devenir de plus en plus compétitifs sur le marché du travail ou dans notre propre organisation ou affaire, nous devons faire plus d'efforts. Nous devons donc disposer d'atouts supplémentaires pouvant montrer notre capacité d'adaptation. En un mot nous devons être autonomes. Savoir taper convenablement un texte sur un clavier d'ordinateur en ce sens pour beaucoup de personnes constitue un plus qui peut en plusieurs occasions faire la différence.

Point n'est besoin d'égayer ce que nous venons de dire d'exemples probants, chacun, dans le milieu où il évolue peut en trouver. Toutefois, citons ici une anecdote : Un directeur d'entreprise voulant profiter d'une maigre saison pour congédier quelques-uns de ses employés appelle sa secrétaire et lui demande de taper les lettres de révocation qu'il a lui-même écrites la veille à la main. Moins de cinq minutes plus tard la nouvelle s'est répandue comme une trainée de poudre dans la boîte. Au point qu'un quart d'heure après deux jeunes filles, amies de la secrétaire, n'ayant même pas encore reçu leur lettre se sont introduites au bureau du gérant responsable pour demander des explications au sujet de leur prochaine mise à pied. Vous pouvez bien sûr imaginer la suite…et finalement, la mesure n'a pas été adoptée. Le monde regorge de pareils exemples.

L'essentiel c'est de prendre dès maintenant la résolution de devenir autonome pour certaines tâches. Fort heureusement, la méthode que je vous propose vous conviendra certainement et vous aidera à taper vous-même ce que vous avez à écrire avec neuf de vos doigts et sans regarder le clavier. Son originalité réside d'abord de l'adaptation de deux exercices physiques à l'apprentissage du clavier et ensuite de l'utilisation de la technique de la non sub-vocalisation. Elle a été testée sur plus d'une centaine de personnes de niveau intellectuel différent, et elle marche. Elle peut être bouclée en dix heures. Elle n'est pas trop fastidieuse. Elle ne demande pas de prérequis, disons mieux aucun prérequis. Vous pouvez l'appliquer à votre rythme et malgré tout vous verrez apparaître les progrès rapidement. De plus, elle est conçue pour vous donner une habilité telle que votre vitesse pourra atteindre environ 4000 mots par heure si vous suivez les conseils.

La précision aussi est le point fort de cette méthode. Inconsciemment, vous taperez à coup sûr et sans regarder vos doigts le caractère ou le mot qu'on vous dictera ou que vous lirez vous-même encore une fois en appliquant les précieux conseils de ce petit livre.

Que ce sera beau de tapoter quelques mots sans regarder le clavier. Que de satisfaction vous éprouverez quand vous maîtriserez la console. Ne perdez pas votre temps, essayez tout de suite cette méthode.

II.- Les conseils pratiques

Bien débuter est le plus grand secret que cette méthode vous aura révélé. Pour ce faire, beaucoup de petites choses à l'allure insignifiante sont importantes. Commençons tout d'abord par :

L'environnement d'apprentissage

Pour progresser rapidement dans l'apprentissage du clavier, vous devez consacrer 20 à 30 minutes par jour à pratiquer. Choisissez un moment où vous ne serez dérangé, le matin ou le soir.

L'assiduité

Au début, vous devez travailler chaque jour durant les 15 premiers jours au moins. Il vaut mieux travaillez 30 minutes chaque jour de que de travailler 2 heures chaque 2 ou 3 jours. C'est comme apprendre à monter à bicyclette, les progrès que vous avez faits vous pouvez les perdre si vous agissez ainsi. Prenez donc l'habitude de pratiquer le clavier chaque jour.

La posture

Essayez toujours, dans les premiers moments de votre apprentissage, le mieux que possible, de garder une posture droite. Asseyez-vous convenablement et maintenez votre buste droit. Le clavier doit être posé à plat devant vous. Si vous disposez d'un écran, il doit être à peu près à la hauteur de vos yeux. Et surtout au début, les paumes de vos mains ne doivent pas toucher le clavier.

L'application des exercices physiques à son travail

Il est conseillé de commencer chaque séance de travail par environ 2 à 3 minutes d'exercices physiques. Ceux-ci sont décrits au chapitre III. La méthode décrite est étroitement liée aux exercices physiques décrits dans le livre. Essayez toujours d'appliquer ce que vous avez appris dans tout ce que vous faites. Si vous devez taper quelque chose sur votre ordinateur, posez vos doigts sur la rangée de base et mettez en pratique ce que vous avez appris.

La frappe rythmée

Pour votre apprentissage, il n'est pas nécessaire de voir ce que vous tapez. Si vous avez un clavier uniquement c'est bien. Si celui-ci est branché sur un ordinateur allumé ayant un logiciel de traitement de texte, c'est mieux. Pas de problème non plus si vous avec une tablette. Ne prétextez pas de coupure de courant ou de panne de votre ordinateur pour ne pas travailler chaque jour. **Au commencement, répétez mentalement ou à voix basse le nom de la touche que vous frappez. (Plus tard, vous ne devez pas vocaliser ainsi si vous voulez augmenter votre vitesse).** Ce faisant, votre cerveau (ou votre cœur, il y a une discussion là-dessus, mais passons) capte le nom et la position de la touche. Et vous allez vous étonner de constater que quand vous avez vos dix doigts sur le clavier vous connaissez instinctivement les positions de toutes les touches. Et quand vous essayez d'écrire un mot avec un ou deux doigts vous devez chercher la position des touches sur votre clavier. Pourquoi ?

La réponse est simple. Quand vous montez un escalier par exemple, vous faites un premier pas, puis un deuxième, puis un troisième etc. S'il y a une erreur dans une contremarche vous allez buter votre pied avec certitude. Donc vous n'avez pas de contrôle sur la hauteur à laquelle vous devez lever votre pied à chaque fois. Dès le troisième pas, votre cerveau (ou votre cœur) intervient pour donner l'ordre à vos pieds à quelle hauteur et à quel rythme ils doivent successivement entrer en action. Votre cerveau (ou votre cœur) vous indiquera automatiquement, comme vous le verrez plus loin dans les instructions des leçons, la distance à faire par exemple pour taper la lettre **R** ou la lettre **T** avec l'index gauche par exemple et pour se repositionner sur sa touche de base **F**.

En un mot, répétez mentalement le mot que vous tapez, c'est la technique de la frappe rythmée. Elle vous aidera dans un premier temps à mémoriser inconsciemment et sans effort la position de toutes les touches du clavier . Cependant, quand vous aurez acquis une certaine habilité vous devrez abandonner cette technique pour celle de la non sub-vocalisation qui vous permettra de quintupler votre vitesse. Cette méthode vous sera décrite plus tard.

La fin d'un exercice

Quand devez-vous vous arrêter de pratiquer un exercice quelconque? Dans le bouquin, on vous indique le nombre de fois à répéter une suite de caractères, un mot ou une ligne. Cependant, il n'est pas toujours nécessaire de reproduire la séquence exactement le nombre de fois demandé. Vous devez vous-même juger de vos progrès. Vous devez vous arrêter quand vos doigts deviennent plus rapides que votre bouche ; c'est-à-dire avant même de finir de lire le mot vous avez fini de le taper avec précision. A ce moment-là, vous pouvez passer à l'exercice suivant.

Les dictées

Deux niveaux de dictées sont présentés dans ce bouquin. Au premier niveau, les dictées normales et au deuxième, les dictées avec les yeux bandés ou dans l'obscurité.

Niveau 1 : Avant de prendre une dictée, recopiez (tapez) plusieurs fois le texte en question. Puis faites-vous ensuite donner la dictée par quelqu'un.

Niveau 2 : D'abord vous devez repérer avec les yeux bandés les touches de base de référence **J et F** (Comme vous le verrez plus loin, elles sont les seules à porter dessus un petit trait horizontal ou vertical). Il faut dire ensuite que vous êtes prêt.

Notons que les claviers de laptop sont plus sensibles que ceux des PC ou Mac. Donc, il ne faut pas s'écarter de la rangée de base (celle formée des touches de base, ASDF JKL ;). Donc, après chaque lettre que vous tapez vos doigts doivent impérativement revenir sur la rangée de base. De ce fait, si vous utilisez un clavier QWERTY lors d'une dictée en français, ne mettez pas les accents sur les caractères accentués. Ne commencez pas non plus les phrases par une lettre majuscule. La règle principale est de toujours avoir au moins un doigt sur la rangée de base quand vous tapez une touche. Ce doigt est le plus souvent l'index ou le petit doigt suivant le cas, comme on le verra plus loin.

Le regard

Utilisez toujours neuf de vos doigts que ce soit pour écrire un courriel, un texte ou une lettre, pour les « chats » ou pour surfer sur internet, etc... Ne regardez jamais le clavier, mais plutôt : soit l'écran si celui-ci est branché sur un ordinateur allumé, soit à votre côté gauche ou droit en simulant que vous regardez un document à taper. Regarder l'écran a l'avantage de voir les fautes que vous faites, vous pouvez donc les corriger tout de suite. Cependant, cette habitude favorise la vocalisation (le fait d'épeler ou lire mentalement le mot à taper) et peut entraîner une perte de vitesse. Regarder à côté a l'inconvénient que vous ne voyez pas les fautes que vous faites bien que vous les sentiez, mais constitue un bon entraînement pour la non vocalisation tout en vous permettant d'augmenter votre vitesse. Il est donc préférable de prendre l'habitude de regarder à côté. Cependant, pour débuter vous pouvez tantôt regarder l'écran, tantôt regarder à côté, c'est à votre guise.

Comment utiliser ce tutoriel

Chaque heure est divisée en quatre parties qui sont «les Instructions »,«les conseils »,«la pratique » et «les exercices ». Commencez chaque séance de travail par environ 2 à 3 minutes d'exercices physiques. Ensuite, si vous connaissez déjà les touches de bases et comment positionner vos doigts dessus, alors vous pouvez passer directement au chapitre 6 :

«Deuxième heure». Révisez et pratiquez toutes les instructions correspondant aux leçons des chapitres vues précédemment avant d'entamer l'étude de celles du chapitre en cours. Puis lisez les conseils. Pratiquez les touches apprises en observant les recommandations. Reportez-vous au besoin au chapitre II : Conseils pratiques. Finalement passez aux exercices.

Continuez après le chapitre IX : Sixième heure, avec un logiciel tel Typing Instructor ou Tap'Touche. Donc, à partir de la Septième heure Chapitre X, commencez la séance par les exercices physiques, puis réviser les touches du clavier. Ensuite, une fois que vous ayez fini de pratiquer toutes les touches du clavier, vous devez accorder environ 15 minutes à la leçon du livre. Puis, ouvrez votre logiciel (Typing Instructor, Tap'Touche ou Touch Typing). Prenez un test. Et pratiquez pendant encore 10 minutes. Il y a eu quelques personnes qui ont réussi à obtenir une vitesse d'environ 4000 mots par heure après la 7ème heure en observant la méthode du livre basée sur la frappe rythmée et la non sub-vocalisation.

III.- Exercices physiques pour dégourdir les doigts, assouplir les poignets et mieux maîtriser le clavier

Ces mouvements décrits dans les exercices ci-dessous vous serviront de base pour l'accès à certaines touches du clavier. Ils vous permettront de développer certains réflexes susceptibles de vous aider dans votre apprentissage. Ils sont simples et doivent être pratiqués pendant environ deux à trois minutes avant le début de chaque séance.

Exercice physique #. 1

L'exercice suivant est très important surtout quand vous aurez à ramener vos doigts sur les touches de départ (touches de base qu'on verra plus tard).

Dans un premier temps vous allongez vos doigts de toute leur longueur devant vous. Ceux-ci peuvent être écartés ou non. (voir position1).

POSITION 1

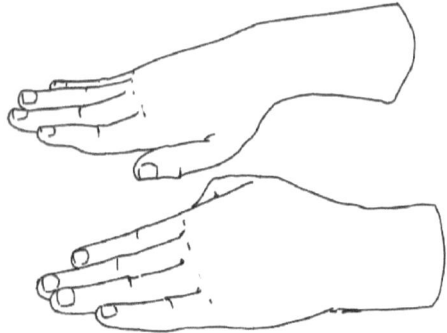

Ensuite vous pliez vers l'intérieur les deux premières phalanges de vos doigts tout en maintenant vos doigts serrés les uns contre les autres. (voir position 2)

POSITION 2

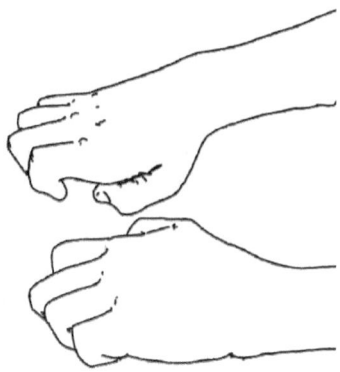

Enfin, vous serrez vos poings. (voir position 3).

POSITION 3

Vous répétez les positions 1 et 2 successivement plusieurs fois ou 1, 2 et 3 successivement plusieurs fois.

Cliquez sur le lien ci-après pour une démonstration vidéo.

https://drive.google.com/file/d/0B_Yfnj5QHCsULWNmVGtmUE1BOUU/view?usp=sharing

Prenez le temps de pratiquer cet exercice avant de commencer chaque leçon (une ou deux séries de dix). Au départ vous aurez mal aux doigts. Mais cela passera bien vite.

Exercice physique # 2

Allongez vos bras devant vous en serrant les poings. Les avants- bras restant fixes, tournez votre poignet gauche vers la droite (vers l'intérieur) et votre poignet droit vers la gauche (vers l'intérieur) en même temps. (Voir position A)

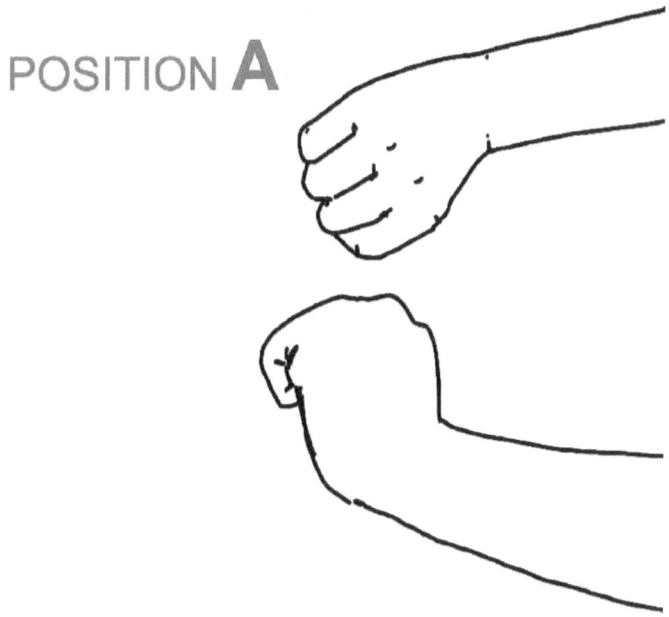

POSITION A

Ensuite, tournez votre poignet gauche vers la gauche (vers l'extérieur) et votre poignet droit vers la droite (vers l'extérieur) en même temps. (Voir position B)

POSITION B

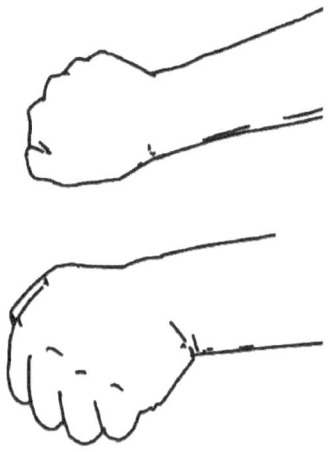

Répétez les deux étapes ci-dessus pendant quelques instants (une ou deux séries de dix). Cliquez sur le lien ci-après pour une démonstration vidéo.

https://drive.google.com/file/d/0B_Yfnj5QHCsULWNmV GtmUE1BOUU/view?usp=sharing

Cet exercice vous aidera par la suite dans les mouvements pour accéder aux touches éloignées du clavier.

IV.- Première heure: Les notions de base

Instructions.-

Il existe plusieurs types de claviers. Citons parmi les plus courants le clavier français AZERTY et le clavier américain QWERTY. Nous aborderons dans ce cours l'étude du Clavier américain QWERTY. Notons que, à l'exception de quelques symboles typographiques, unités monétaires et caractères accentués, les claviers QWERTY, (américain, anglais, espagnols, canadiens, etc. ..) ou même le clavier QWERTZ allemand, sont sensiblement les mêmes, il en est de même des claviers AZERTY français et belge.

Cette première leçon concerne l'apprentissage des « touches de base » communément appelés en anglais « HOME KEYS » ou «rangée de base». Celle-ci est localisée sur la deuxième rangée du clavier à partir de la barre d'espace (au milieu du clavier). C'est l'ensemble des touches : **A S D F J K L ; .**

Clavier QWERTY américain

Les touches **J et F** portent toujours un petit trait horizontal ou parfois vertical qui vous permettra de les repérer dans le noir ou quand vous portez un bandeau.

L'index droit (de la main droite) doit être posé sur la touche **J** et l'index gauche (de la main gauche) sur **F**.

Le majeur droit est sur **K** et celui de gauche sur **D**

L'annulaire de la main droite sur **L** , celui de gauche sur **S**

L'auriculaire (le petit doigt) de la main droite sur **; (point-virgule)** et le petit doigt de la main gauche sur **A**.

Le pouce droit sur la barre d'espace, si vous êtes droitier, mais si vous êtes gaucher c'est votre pouce gauche qui doit être sur la barre d'espace.

Conseils.-

Installez-vous confortablement. Tenez votre buste droit, et le clavier devant vous à une hauteur convenable. Mettez vos doigts sur la rangée de base. Les paumes de vos mains ne doivent pas toucher le clavier et doivent rester sur la rangée de base autant que possible. Essayez d'exécuter les deux exercices physiques décrits plus haut avant de commencer chaque leçon.

Vos doigts ne sont pas tous de la même longueur. Si vous les allongez pour les poser sur les touches de base (ASDF JKL ;) vous allez vous sentir inconfortable. Donc, vous devez les recroqueviller comme dans la deuxième partie de l'exercice No.1 mais de façon relaxe comme pour faire « bye-bye » avant de les poser sur la rangée de base. Commencez d'abord par placer vos index, puis les autres doigts recroquevillés suivent naturellement. Ne commencez jamais pas mettre vos petits doigts. Assurez-vous que votre poignet gauche est légèrement tourné vers la droite (vers l'intérieur) et votre poignet droit vers la gauche (vers l'intérieur) comme dans la première partie de l'exercice No. 2.

En tapant une touche, vos doigts ne doivent pas s'écarter de la rangée de base, même si à cet instant-là ces doigts appartiennent à une main qui ne travaille pas.

Pratique

1.- Lettre J, avec l'index de la main droite ; Lettre F, avec l'index de la main gauche ; espace avec pouce droit ou pouce gauche (selon que vous êtes droitier ou gaucher).

a.

En disant mentalement ou à voix basse le nom des touches frappées **J F Espace**, reproduisez cinq fois la ligne suivante (N.B : Ne corrigez pas vos erreurs, continuer à taper):

JF JF JF JF JF JF JF JF JF JF JF JF JF JF JF JF JF JF JF JF JF JF JF JF JF JF JF JF JF JF JF JF JF JF JF JF JF JF JF JF JF JF JF JF JF

2.- Majeur droit sur **K**, majeur gauche sur **D**, pouce droit ou pouce gauche sur **espace**, répétez mentalement ou à voix basse le nom des touches frappées **K D Espace**, en tapant cinq fois la ligne suivante (N.B : Ne corrigez pas vos erreurs, continuer à taper) :

a.

KD KD KD KD KD KD KD KD KD KD KD KD KD KD KD KD KD KD KD KD KD KD KD KD KD KD KD KD KD KD KD KD KD KD KD

3.- Annulaire droit sur **L**, annulaire gauche sur **S**, pouce droit ou pouce gauche sur **espace**, tapez cinq fois la ligne suivante en répétant mentalement ou à voix basse **L S Espace** (N.B : Ne corrigez pas vos erreurs, continuer à taper) :

a.

LS LS LS LS LS LS LS LS LS LS LS LS LS LS LS LS
   LS LS LS LS LS LS LS LS LS LS LS LS LS LS LS
   LS LS LS LS LS LS LS LS LS LS LS

4.- Auriculaire (petit doigt) droit sur **;**, auriculaire gauche sur **A**, pouce droit ou pouce gauche sur **espace**, en répétant mentalement ou à voix basse **point-virgule A espace**, reproduisez cinq fois la ligne suivante (N.B : Ne corrigez pas vos erreurs, continuer à taper) :

;A ;A ;A ;A ;A ;A ;A ;A ;A ;A ;A ;A ;A ;A ;A ;A
   ;A ;A ;A ;A ;A ;A ;A ;A ;A ;A ;A ;A ;A ;A ;
   A ;A ;A ;A ;A ;A ;A ;A ;A ;A ;A ;A ;A ;A

Exercices.-

Pour les exercices suivants, vous saurez que vous les maîtrisez quand vos doigts deviennent plus rapides que votre voix, c'est-à-dire qu'avant même que vous finissez de dire le nom des touches vous aurez déjà fini de les taper.

Exercice # 1 .- En répétant mentalement ou à voix basse le nom des touches frappées **J F K D Espace**, reproduisez cinq fois la ligne suivante (N.B : Ne corrigez pas vos erreurs, continuer à taper):

JFKD JFKD JFKD JFKD JFKD JFKD JFKD JFKD JFKD
JFKD JFKD JFKD JFKD JFKD JFKD JFKD JFKD JFKD
JFKD JFKD JFKD JFKD JFKD

Exercice # 2 .- Répétant mentalement ou à voix basse **L S ; A Espace**, reproduisez la ligne suivante 5 fois. (N.B : Ne corrigez pas vos erreurs, continuez à taper):

LS ;A LS ;A LS ;A LS ;A LS ;A LS ;A LS ;A LS ;A
LS ;A LS ;A LS ;A LS ;A LS ;A LS ;A LS ;A ;A ;A
LS ;A ;A ;A

Exercice # 3 .- Répétant mentalement ou à voix basse **J J F F Espace**, reproduisez la ligne suivante 5 fois. (N.B : Ne corrigez pas vos erreurs, continuez à taper):

JJFF JJFF JJFF JJFF JJFF JJFF JJFF JJFF JJFF JJFF JJFF
JJFF JJFF JJFF JJFF JJFF JJFF JJFF JJFF JJFF

Exercice # 4 .- Répétant mentalement ou à voix basse **K K D D Espace**, reproduisez la ligne suivante 5 fois. (N.B : Ne corrigez pas vos erreurs, continuez à taper):

KKDD KKDD KKDD KKDD KKDD KKDD KKDD
KKDD KKDD KKDD KKDD KKDD KKDD KKDD
KKDD KKDD

Exercice # 5 .- Répétant mentalement ou à voix basse **L L S S Espace**, reproduisez la ligne suivante 5 fois. (N.B : Ne corrigez pas vos erreurs, continuer à taper):

LLSS LLSS LLSS LLSS LLSS LLSS LLSS LLSS
LLSS LLSS LLSS LLSS LLSS LLSS LLSS LLSS LLSS
LLSS

Exercice # 6 .- Répétant mentalement ou à voix basse **; ; A A Espace**, reproduisez la ligne suivante 5 fois. (N.B : Ne corrigez pas vos erreurs, continuez à taper):

;;AA ;;AA ;;AA ;;AA ;;AA ;;AA ;;AA ;;AA ;;AA ;;AA ;;
AA ;;AA ;;AA ;;AA ;;AA ;;AA ;;AA ;;AA ;;AA ;;A
A ;;AA;;AA ;;AA ;;AA ;;AA

Résumé

Vous avez appris à positionner correctement vos doigts sur la rangée de base (ASDFJKL;) et à les frapper. Repérez les touches J et F avant de commencer. L'index de la main droite exécute la touche J, celui de la main gauche F, et ainsi de suite pour les autres doigts. En tapant, vos paumes ne doivent pas toucher le clavier, et vos doigts ne doivent pas quitter leur position de base. Essayez toujours de rechercher la correspondance qui existe entre les exercices physiques décrits plus haut et la façon de poser vos doigts sur le clavier lors des mouvements de vos poignets. Pratiquez chaque jour pendant un maximum de trente minutes en citant mentalement le nom des touches frappées à chaque fois. Vous quitterez cette habitude de vocalisation au moment opportun indiqué à la suite du bouquin.

V.- 2ème heure: la maitrise de la ligne de base

Dans cette leçon nous entamerons l'étude des touches G, H , APOSTROPHE et ENTER (Return, ou Retour Chariot) et quelques combinaisons des touches de la ligne de base.

Instructions

Les touches **G** et **H** se situent au milieu du clavier. L'index de la main droite exécute la touche **H** et celle de la main gauche la touche **G** et le petit doigt (l'auriculaire) de la main droite les touches **Apostrophe** et **Enter** (Retour chariot, la plus grande touche du clavier).

Conseils

Les doigts de vos deux mains doivent rester sur la rangée de base.

Quand vous taper la touche **H** vous levez l'index droit légèrement vers la gauche et ce doigt doit revenir après sur sa position de départ, sur la touche **J**.

Quand vous taper la touche **G** vous levez l'index gauche légèrement vers la droite et ce doigt doit revenir après sur sa position de départ sur la touche **F**. Pour l'instant c'est votre précision qui est importante et non la vitesse.

Pour exécuter la touche ' **(apostrophe)** vous devez prendre appui avec votre index droit sur la touche J et écarter légèrement vers la droite le petit-doigt de votre main droite.

Pour Taper **Enter**, prenez appui légèrement sur la touche **J** avec l'index de la main droite, levez tous les autres doigts de cette main et écartez le petit doigt vers la droite pour presser **Enter.** Le poignet droit effectuer le même mouvement que dans la phase 2 de l'exercice physique #2 (Position B). Ensuite, les trois autres doigts en mouvement doivent être ramenés à leur position de départ sur les touches de base.

Pratique

Pratique **1.-**

Huit de vos doigts sur la rangée de base (asdf jkl ;), pressez la touche H puis retournez sur J ; ensuite pressez la touche G et retournez sur F puis la barre d'espace avec le pouce droit en répétant mentalement H retour sur J, G retour sur f espace avec pouce droit.

HG HG HG HG HG HG HG HG HG HG HG HG HG HG HG HG HG HG HG HG HG HG …. (5 Lignes)

Pratique 2.-

En répétant mentalement ou à voix basse Apostrophe Enter, tapez 40 fois la touche ' (apostrophe) en faisant un retour chariot à chaque 8 apostrophes tapées.

Exercices.-

Exercice # 1 .-

En gardant les mains sur la rangée de base (Home Keys) reproduisez cinq fois la ligne suivante en répétant mentalement ou à voix basse **H** retour sur **J**, **point-virgule, Espace** :(Faites un retour chariot en pressant sur la touche **Enter** à chaque fin de ligne).

H ; H ; H ; H ; H ; H ; H ; H ; H ; H ; H ; H ; H ; H ; H ;
H ; H ; H ; H ; H ; H ; H ; H ; H ; H ; H ; H ; H ; H ; H ;
H ; H ; H ;
H ; H ; H ; H ; H ; H ; H ; H ;

Exercice # 2 .-

En gardant les mains sur la rangée de base (Home Keys) reproduisez cinq fois la ligne suivante en répétant mentalement ou à voix basse **G** retour sur **F**, **AEspace** :(Faites un retour chariot en pressant sur la touche **Enter** à chaque fin de ligne).

GA GA GA GA GA GA GA GA GA GA GA GA GA GA
GA GA GA GA GA GA GA GA GA GA GA GA GA GA
GA GA GAGA GA GA GA GA GA GA GA…

Exercice # 3 .-

En gardant les mains sur la rangée de base (Home Keys) reproduisez cinq fois la ligne suivante en répétant mentalement ou à voix basse **L '** (apostrophe) **Espace** :(Faites un retour chariot en pressant sur la touche **Enter** à chaque fin de ligne).

L' L' L' L' L' L' L' L' L' L' L' L' L' L' L' L' L' L' L' L'
L' L' L' L' L' L' L' L' L' L' L' L' L' L' L' L' L' L' L' L'
L' L' L' L' L' L' L' L' L' L' L' L'

Exercice # 4.-

En gardant les mains sur la rangée de base (Home Keys) reproduisez cinq fois la ligne suivante en répétant mentalement ou à voix basse G retour sur F, A, L, Espace: (Faites un retour chariot en pressant sur la touche Enter à chaque fin de ligne). GAL GAL GAL GAL GAL GAL GAL GAL GAL GAL GAL GAL GAL GAL GAL GAL GAL GAL GAL GAL

Exercice # 5.-

En gardant les mains sur la rangée de base (Home Keys) reproduisez cinq fois la ligne suivante en répétant mentalement ou à voix basse H retour sur J, A, L, Espace: (Faites un retour chariot en pressant sur la touche Enter à chaque fin de ligne). HAL HAL HAL HAL HAL HAL HAL HAL HAL HAL HAL HAL HAL HAL HAL HAL HAL HAL HAL HAL

Résumé.-

Vous avez vu comment accéder aux touches H, G, Apostrophe et Enter. L'index droit exécute la touche H et celui de gauche la touche G. Evitez de regarder vos doigts en tapant. Ne les levez pas tous pour frapper la touche Enter. Laissez votre index droit prendre appui sur la touche J pour taper Enter.

VI.-3ème heure: Comme accéder aux touches éloignées de la rangée de base

A la fin de cette leçon vous saurez avec quel doigt accéder aux touches essentielles du clavier QWERTY.

Instructions.-

Main gauche :

Le petit doigt de la main gauche est responsable de la première colonne de touches c'est-à-dire que c'est lui qui exécute les 4 touches **1 Q A Z**. et Majuscule (SHIFT) de gauche.

L'annulaire de la main gauche exécute les 4 touches **2 W S X**.

Le majeur (le doigt du milieu) exécute les 4 touches **3 E D C.**

L'index de la main gauche est responsable des 2 colonnes du milieu du clavier : (8 touches) **4RFV** et **5TGB.**

Main droite :

L'index de la main droite est responsable des 2 colonnes du milieu du clavier : (8 touches) **6YHN** et **7UJM.**

Le majeur (le doigt du milieu) exécute les 4 touches **8 I K virgule**.

L'annulaire de la main droite exécute les 4 touches **9 0 l point**.

Le petit doigt de la main droite est responsable en particulier des touches **Zéro P point-virgule** / (slash) et de toutes les autres touches situées plus à sa droite, c'est-à-dire : **Tiret** [«crochet ouvert» **apostrophe** shift =] «crochet fermé» Enter et Backspace \.

Conseils.-

Pour toutes les touches éloignées du milieu du clavier, il faut en les tapant appliquer une phase des mouvements décrits dans les deux exercices du chapitre II. A cet effet, partant des touches de bases, pour chacune des mains vous devez pivoter vos doigts autour d'une touche à chaque fois. Pour la main gauche les touches **A** et **F** serviront de pivot. Cela veut dire que vous devrez prendre un léger appui sur l'une d'entre elles, selon le cas, pour frapper sur une touche n'appartenant pas à la rangée de base et pour y revenir. Pour la main droite, ce seront les touches **J** et **;** (point-virgule).

Résumé.-

Essayez toujours de frapper les touches avec les bons doigts. Revenez toujours à la position de base quand vous avez fini de taper une touche éloignée. Ce n'est pas nécessaire d'étudier les positions des touches par cœur. En pratiquant chaque jour vous les saurez instinctivement. Les touches-pivots, c'est-à-dire celles sur lesquelles vous prenez appui pour accéder aux autres sont A et F pour la main gauche et J et ; (point-virgule) pour la main droite.

VII.- 4ème heure : La troisième rangée QWERTY

L'objectif de cette leçon est la maîtrise rapide des touches de la troisième rangée.

Instructions.-

a. Les touches P et Q sont tapées avec respectivement les petits doigts de la main droite et de la main gauche ;

b. O et W sont exécutées par les annulaires droit et gauche ;

c. I et E par les majeurs (middle fingers) de la main droite et de la main gauche ;

d. U et R par les index droit et gauche ;

e. Y et T par les mêmes index droit et gauche ;

f. Le petit doigt de la main droite est en plus responsable de l'exécution de [ ] et \ « backslash ».

Conseils.-

Pour les touches P et Q, O et W prenez appui sur les touches J (index de la main droite) et F (index de la main gauche) sans presser dessus et levez les 3 autres doigts de la main pour les frapper, le poignet droit est tourné vers la gauche (l'intérieur) et le poignet gauche vers la droite comme à l'exercice physique # 2). Pour ramener vos doigts sur leurs touches de base, il suffit de les replier les comme dans la deuxième phase de l'exercice physique # 1.

Pour 1 et E, à partir de la rangée de base, allongez directement vers l'avant le majeur de la main droite pour taper I et celui de la main gauche pour taper E sans lever les autres doigts. Pour les ramener, repliez-les tout simplement.

Pour taper les touches U R et Y T le pivot est la touche point-virgule (petit droit de la main droite pour U et Y) et A (petit droit de la main gauche pour R et T).

Pour taper les touches U et R, les poignets agissent comme dans la phase 2 de l'exercice physique #2. Tandis que pour taper Y et T les index droit et gauche sont simplement longés vers l'avant.

Pour les touches [ ] \, le pivot est J (index de la main droite) et le petit doigt de la main droite doit revenir sur la touche point-virgule après les avoir tapés. Ecartez-le grandement vers la droite en levant les autres doigts de la main droite sauf l'index.

Pratique

Pratique 1.-

Partant de la position de base (ASDFJKL ;) et en répétant mentalement ou à voix basse P retour sur point-virgule ; Q retour sur A, Espace avec pouce droit, tapez 5 fois la ligne suivante :

PQ PQ PQ PQ PQ PQ PQ PQ PQ PQ PQ PQ PQ PQ PQ
PQ PQ PQ PQ PQ PQ PQ PQ PQ PQ PQ PQ PQ PQ PQ
PQ PQ PQ PQ PQ PQ PQ PQ (5 fois)

N.B.- (Faites un retour chariot en pressant sur la touche **Enter** à chaque fin de ligne)

Pratique 2.-

Partant de la position de base et en répétant mentalement ou à voix basse O retour sur L, W retour sur S, Espace avec pouce droit, tapez 5 fois la ligne suivante :

OW OW OW OW OW OW OW OW OW OW OW OW
OW OW OW OW OW OW OW OW OW OW OW OW
OW OW OW OW OW OW OW (5 fois)

Pratique 3.-

Partant de la position de base et en répétant mentalement ou à voix basse I retour sur K, E retour sur D, Espace avec pouce droit, tapez 5 fois la ligne suivante :

IE IE IE IE IE IE IE IE IE IE IE IE IE IE IE IE IE IE
IE IE IE IE IE IE IE IE IE IE IE IE IE IE IE IE IE IE
IE IE IE IE IE IE IE IE IE IE IE IE IE (5 fois)

Pratique 4.-

Partant de la position de base et en répétant mentalement ou à voix basse U retour sur J, R retour sur F, Espace avec pouce droit, tapez 5 fois la ligne suivante :

UR UR UR UR UR UR UR UR UR UR UR UR UR UR UR UR UR UR UR UR UR UR UR UR UR UR UR UR UR UR UR UR UR UR UR UR UR UR UR UR (5 fois)

Pratique 5.-

Partant de la position de base et en répétant mentalement ou à voix basse Y retour sur J, T retour sur F, Espace avec pouce droit, tapez 5 fois la ligne suivante :

YT YT YT YT YT YT YT YT YT YT YT YT YT YT YT YT YT YT YT YT YT YT YT YT YT YT YT YT YT YT YT YT YT YT YT YT YT YT YT YT YT YT YT YT (5 fois)

Pratique 6.-

Partant de la position de base et en répétant mentalement ou à voix basse Crochet ouvet, Espace 2 fois avec pouce droit, tapez 5 fois la ligne suivante :

[(5 fois)

Pratique 7.-

Partant de la position de base et en répétant mentalement ou à voix basse Crochet fermé, Espace 2 fois avec pouce droit, tapez 5 fois la ligne suivante (Faites un retour chariot en pressant sur la touche **Enter** à chaque fin de ligne) :

]]
]]
]

Pratique 8.-

Partant de la position de base et en répétant mentalement ou à voix basse Backslash, Espace 2 fois avec pouce droit, tapez 5 fois la ligne suivante (Faites un retour chariot en pressant sur la touche **Enter** à chaque fin de ligne) :

\\\
\\\\\\\\\\\\\\\\\\\\\\\\\\\\\\\\\\\\\\\ (5 fois)

Exercices.-

Exercice 1.-

Partant des touches de base, reproduisez 5 fois la ligne suivante en répétant mentalement ou à voix basse P Q O W espace :

PQOW PQOW PQOW PQOW PQOW PQOW PQOW
PQOW PQOW PQOW PQOW PQOW PQOW PQOW
PQOW PQOW PQOW PQOW PQOW PQOW

N.B.- (Faites un retour chariot en pressant sur la touche Enter à chaque fin de ligne)

Exercice 2.-

Partant des touches de base, reproduisez 5 fois la ligne suivante en répétant mentalement ou à voix basse I E U R espace : (Faites un retour chariot en pressant sur la touche **Enter** à chaque fin de ligne)

IEUR IEUR IEUR IEUR IEUR IEUR IEUR IEUR IEUR
IEUR IEUR IEUR IEUR IEUR IEUR IEUR IEUR IEUR
IEUR IEUR IEUR IEUR IEUR

Exercice 3.-

Partant des touches de base, reproduisez 5 fois la ligne suivante en répétant mentalement ou à voix basse Y T P Q espace : (Faites un retour chariot en pressant sur la touche **Enter** à chaque fin de ligne)

YTPQ YTPQ YTPQ YTPQ YTPQ YTPQ YTPQ YTPQ
YTPQ YTPQ YTPQ YTPQ YTPQ YTPQ YTPQ YTPQ
YTPQ YTPQ YTPQ YTPQ YTPQ YTPQ YTPQ

Résumé.-

Vous avez appris comment frapper les touches de la troisième rangée du clavier QWERTY....Les pivots pour la main gauche sont A et F, tandis que pour la main droite ce sont F et ; (point-virgule). Revenez toujours à la position de base après avoir frappé une touche. Essayez toujours de rechercher la correspondance qui existe entre les exercices physiques décrits plus haut et la façon de poser vos doigts sur le clavier lors des mouvements de vos poignets pour vous éloigner de la rangée de base et y revenir.

VIII.- 5ème heure : La première rangée

Cette leçon concerne les touches les plus difficiles à atteindre. Elles se situent sur la première rangée à partir du bas. Ce sont les touches Z X C V... etc.

Instructions.-

Main Gauche

Le petit doigt de la main gauche exécute la touche Z et la touche « Shift »(Majuscule) de gauche;

L'annulaire gauche, exécute la touche X ;

Le majeur gauche est utilisé pour taper sur la touche C ;

Et l'index gauche est responsable des touches V et B.

Main Droite

Avec le petit doigt de la main droite vous devez frapper les touches / (Slash) et « Shift » de droite (Majuscule)

L'annulaire droit doit taper sur le . « point »

Le majeur droit exécute la touche «virgule»

L'index droit est responsable des touches M et N

Conseils.-

Pour accéder à la touche Z, utilisez l'index gauche comme référence en prenant appui sur la touche F, puis levez légèrement les autres doigts de la main gauche, et avec le petit doigt de cette même main taper Z. Le mouvement décrit est pareil à celui de l'exercice physique # 1 Phase 2, en ramenant le petit doigt sur z et remontez-le tout de suite sur la touche A dans le mouvement inverse comme dans l'exercice physique #1 phase 1.

La touche X est aussi frappée en s'appuyant légèrement sur F avec l'index gauche et en ramenant l'annulaire gauche en arrière comme dans la phase 2 de l'exercice 1.

Pour frapper la touche C, vous pouvez prendre la touche A comme référence. Le petit doigt de la main gauche restant sur A, levez les autres et, avec le majeur, tapez la touche C en levant les autres doigts.

Notons que vous pouvez aussi bien prendre appui sur la touche F avec l'index gauche et glisser le majeur gauche légèrement vers l'arrière pour frapper C en levant les autres doigts. Vous pouvez utiliser la façon qui vous convient le mieux.

Pour accéder aux touches V et B, la référence est encore le petit doigt de la main gauche avec appui sur A ; les autres doigts de cette main peuvent ne pas rester sur la rangée de base. Reculez l'index gauche vers l'arrière pour taper V et écartez-le vers la droite et en bas pour taper B.

Pour la touche «Shift» qui se trouve à gauche, l'appui se prend sur la touche F comme pivot. En ramenant le petit doigt de la main gauche en arrière comme dans l'exercice physique #2 on tient enfoncer la touche «Shift». Les applications pratiques pour cette touche se feront au chapitre XII (9eme heure).

Pour taper les touches M et N, l'appui est pris légèrement sur le petit doigt de la main droite avec la touche point-virgule qui sert de pivot. L'index recule légèrement pour frapper la touche M et s'écarte vers la gauche et en bas pour taper N.

La virgule (,) peut aussi être atteinte de deux façons. L'index droit comme appui sur la touche J, vous glissez légèrement votre majeur droit vers l'arrière pour frapper la virgule (,).

Vous pouvez aussi prendre appui sur le point-virgule « ; » (petit-doigt de la main droite) et vous faites reculer votre majeur droit pour taper la virgule « , ».

Pour le point (.) vous prenez appui sur la touche J et vous reculez l'annulaire droit pour taper le point «.».
La touche slash « / » est frappée avec le petit doigt de la main droite. Un appui léger se prend sur la touche j et le petit doigt ramené vers l'arrière tape la touche slash (/) comme dans le mouvement retour de l'exercice physique #2.

Pour la touche «Shift» qui se trouve à droite, l'appui se prend sur la touche J comme pivot. En ramenant le petit doigt de la main droite en arrière comme dans l'exercice

#2 , vous tenez enfoncer la touche «Shift». Les applications pratiques pour cette touche se feront au chapitre XII (9eme heure).

Main droite :

Pour taper les touches M et N, l'appui est pris légèrement sur le petit doigt de la main droite avec la touche point-virgule qui sert de pivot. L'index recule légèrement pour frapper la touche M et s'écarte vers la gauche et en bas pour taper N.

La virgule (,) peut aussi être atteinte de deux façons. L'index droit comme appui sur la touche J, on glisse légèrement le majeur droit vers l'arrière pour frapper la virgule (,). On peut aussi prendre appui sur le point-virgule « ; » (petit-doigt de la main droite) et faire reculer le majeur droit pour taper la virgule « , ».

Pour le point (.) on prend appui sur la touche J et on recule l'annulaire droit pour taper le point «.».

La touche slash « / » est frappée avec le petit doigt de la main droite. Un appui léger se prend sur la touche j et le petit doigt ramené vers l'arrière tape la touche slash (/) comme dans le mouvement retour de l'exercice physique #2.

Pour la touche «Shift» qui se trouve à droite, l'appui se prend sur la touche J comme pivot. En ramenant le petit doigt de la main droite en arrière comme dans l'exercice #2, on tient enfoncer la touche «Shift». Les applications pratiques pour cette touche se feront au chapitre XII (9eme leçon).

Pratique

Pratique 1.-

Partant de la position de base (ASDFJKL ;) et en répétant mentalement ou à voix basse slash / retour sur point-virgule ; Z retour sur A, Espace avec pouce droit, tapez 5 fois la ligne suivante :

/Z /Z /Z /Z /Z /Z /Z /Z /Z /Z /Z /Z /Z /Z /Z /Z /Z /Z /Z /Z
/Z /Z /Z /Z /Z /Z /Z /Z /Z /Z /Z /Z /Z /Z /Z /Z /Z /Z /Z /Z
/Z /Z /Z /Z /Z /Z /Z /Z /Z /Z /Z /Z /Z /Z /Z /Z (5 fois) ;

Pratique 2.-

Partant de la position de base et en répétant mentalement ou à voix basse point (.) retour sur L, X retour sur S, Espace avec pouce droit, tapez 5 fois la ligne suivante :

.X .X .X .X .X .X .X .X .X .X .X .X .X .X .X .X .X .X .X .X
.X .X .X .X .X .X .X .X .X .X .X .X .X .X .X .X .X .X .X .X
.X .X .X .X .X .X .X .X .X .X .X .X .X .X .X .X .X .X (5 fois) ;

Pratique 3.-

Partant de la position de base et en répétant mentalement ou à voix basse virgule (,) retour sur K, C retour sur D, Espace avec pouce droit, tapez 5 fois la ligne suivante :

,C ,C ,C ,C ,C ,C ,C ,C ,C ,C ,C ,C ,C ,C ,C ,C ,C ,C ,C ,C
,C ,C ,C ,C ,C ,C ,C ,C ,C ,C ,C ,C ,C ,C ,C ,C ,C ,C ,C ,C
,C ,C ,C ,C ,C ,C ,C ,C ,C ,C ,C (5 fois)

Pratique 4.-

Partant de la position de base et en répétant mentalement ou à voix basse M retour sur J, V retour sur F, Espace avec pouce droit, tapez 5 fois la ligne suivante :

MV MV MV MV MV MV MV MV MV MV MV MV
MV MV MV MV MV MV MV MV MV MV MV MV
MV MV MV MV MV MV MV MV MV MV MV MV
MV MV MV (5 fois)

Pratique 5.-

Partant de la position de base et en répétant mentalement ou à voix basse N retour sur J, V retour sur F, Espace avec pouce droit, tapez 5 fois la ligne suivante :

NB NB NB NB NB NB NB NB NB NB NB NB NB NB
NB NB NB NB NB NB NB NB NB NB NB NB NB NB
NB NB NB NB NB NB NB NB NB NB (5 fois)

Exercices.-

Exercice 1.-

Partant des touches de base, reproduisez 5 fois la ligne suivante en répétant mentalement ou à voix basse Slash Z Point X espace :

N.B: Faites un retour chariot en pressant sur la touche **Enter** à chaque fin de ligne

/Z.X /Z.X /Z.X /Z.X /Z.X /Z.X /Z.X /Z.X /Z.X /Z.X
/Z.X /Z.X /Z.X /Z.X /Z.X /Z.X /Z.X /Z./Z.X /Z.X /Z.X
/Z.X /Z.X /Z.X /Z.X /Z.X /Z.X /Z.X /Z.X /Z.X /Z

Exercice 2.-

Partant des touches de base, reproduisez 5 fois la ligne suivante en répétant mentalement ou à voix basse Virgule C M V espace : (Faites un retour chariot en pressant sur la touche **Enter** à chaque fin de ligne)

,CMV ,CMV ,CMV ,CMV ,CMV ,CMV ,CMV ,CMV
,CMV ,CMV ,CMV ,CMV ,CMV ,CMV ,CMV ,CMV
,CMV ,CMV ,CMV ,CMV ,CMV ,CMV ,CMV ,CMV
,CMV

Exercice 3.-

Partant des touches de base, reproduisez 5 fois la ligne suivante en répétant mentalement ou à voix basse N B Point X espace : (Faites un retour chariot en pressant sur la touche **Enter** à chaque fin de ligne)

NB.X NB.X NB.X NB.X NB.X NB.X NB.X NB.X NB.X NB.X NB.X NB.X NB.X NB.X NB.X NB.X NB.X NB.X NB.X NB.X NB.X NB.X NB.X NB.X NB.X NB.X (5 fois)

Résumé.-

Vous avez vu comment frapper les touches de la première rangée. Les petits doigts exécutent Shift gauche et droite, Z et / (Slash); les annulaires X et . (point); les majeurs C et , (virgule). Les index sont responsables des touches V B et M N. Notez que : chaque fois qu'un doigt s'éloigne de sa position de base pour frapper une touche, il faut qu'au moins un autre doigt y reste. La touche, correspondant à ce doigt sur la rangée de base, sert de pivot ou d'appui pour permettre aux doigts de revenir normalement à leur position de départ.

IX.- 6ème heure : Les Chiffres (Clavier QWERTY)

L'objectif de cette leçon est la maîtrise rapide des touches représentant les chiffres sur le clavier. Le pavé numérique ne sera pas étudié dans ce bouquin.

Instructions.-

a. Les touches 0 et 1 sont tapées avec respectivement les petits doigts de la main droite et de la main gauche ;

b. 9 et 2 sont exécutées par les annulaires droit et gauche ;

c. 8 et 3 par les majeurs de la main droite et de la main gauche ;

d. 7 et 4 par les index droit et gauche respectivement ;

e. 6 et5 par les mêmes index droit et gauche ;

f. Le petit doigt de la main droite est en plus responsable de l'exécution de tiret «-», égal «= » et backspace.

Conseils

Pour les touches 0 et 1, 9 et 2, et 8 et 3 prenez appui sur les touches J (index de la main droite) et F (index de la main gauche) sans presser dessus et levez les 3 autres doigts de la main pour les frapper, le poignet droit est tourné vers la gauche (l'intérieur) et le poignet gauche vers la droite comme à l'exercice physique # 2). Pour ramener vos doigts sur leurs touches de base, il suffit de les replier les comme dans la deuxième phase de l'exercice physique # 1.

Pour taper les touches 7 4 et 6 5, le pivot est la touche point-virgule (petit droit de la main droite pour 7 et 6) et A (petit droit de la main gauche pour 4 et 5).

L'index droit s'allonge tout droit vers l'avant pour exécuter alors 7, tandis qu'il s'écarte largement vers la gauche pour frapper la touche 6.

Pour taper 5, l'index gauche s'allonge directement vers l'avant, tandis que pour taper la touche 4 le poignet gauche est retourné vers la gauche (position B de l'exercice #2) l'appui étant pris sur la touche A qui sert de pivot.

Pratique

Pour les touches Tiret «-», Egal « = » et « Retrait » (Backspace), le pivot est J (index de la main droite) et e petit doigt de la main droite doit revenir sur la touche point-virgule après les avoir tapées. Tous les autres doigts de la main droite sont levés: l'appui étant pris sur le pivot, le poignet droit est tourné vers la gauche (comme à l'exercice 2 position A} pour permettre au petit doigt de taper soit le Tiret (-) soit la touche Egal (=) ou le Retrait.

Pratique 1.-

Partant de la position de base (ASDFJKL ;) et en répétant mentalement ou à voix basse zéro retour sur point-virgule ;

1 retour sur A, Espace avec pouce droit, tapez 5 fois la ligne suivante :

01 01 01 01 01 01 01 01 01 01 01 01 01 01 01 01 01 01 01 01
01 01 01 01 01 01 01 01 01 01 (5 fois)

Pratique 2.-

Partant de la position de base et en répétant mentalement ou à voix basse 9 retour sur L, 2 retour sur S, Espace avec pouce droit, tapez 5 fois la ligne suivante :

92 92 92 92 92 92 92 92 92 92 92 92 92 92 92 92 92 92 92 92
92 92 92 92 92 92 92 92 92 92 (5 fois)

Pratique 3.-

Partant de la position de base et en répétant mentalement ou à voix basse 8 retour sur K, 3 retour sur D, Espace avec pouce droit, tapez 5 fois la ligne suivante :

83 83 83 83 83 83 83 83 83 83 83 83 83 83 83 83 83 83 83 83
83 83 83 83 83 83 83 83 83 83 (5 fois)

Pratique 4.-

Partant de la position de base et en répétant mentalement ou à voix basse 7 retour sur J, 4 retour sur F, Espace avec pouce droit, tapez 5 fois la ligne suivante :

74 74 74 74 74 74 74 74 74 74 74 74 74 74 74 74 74 74 74 74
74 74 74 74 74 74 74 74 74 74

Pratique 5.-

Partant de la position de base et en répétant mentalement ou à voix basse 6 retour sur J, 5 retour sur F, Espace avec pouce droit, tapez 5 fois la ligne suivante :

65 65 65 65 65 65 65 65 65 65 65 65 65 65 65 65 65 65 65 65 65 65 65 65 65 65 65

Pratique 6.-

Partant de la position de base et en répétant mentalement ou à voix basse Tiret (-), Espace 2 fois avec pouce droit, tapez 5 fois la ligne suivante (Faites un retour chariot en pressant sur la touche **Enter** à chaque fin de ligne):

• -

Pratique 7.-

Partant de la position de base et en répétant mentalement ou à voix basse Egal (=), Espace 2 fois avec pouce droit, tapez 5 fois la ligne suivante (Faites un retour chariot en pressant sur la touche **Enter** à chaque fin de ligne) :

= =

Exercices

Exercice 1.-

Partant des touches de base, reproduisez 5 fois la ligne suivante en répétant mentalement ou à voix basse 0 1 9 2 espace : (Faites un retour chariot en pressant sur la touche **Enter** à chaque fin de ligne)

0192 0192 0192 0192 0192 0192 0192 0192 0192 0192
0192 0192 0192 0192 0192 0192

Exercice 2.-

Partant des touches de base, reproduisez 5 fois la ligne suivante en répétant mentalement ou à voix basse 8 3 7 4 espace : (Faites un retour chariot en pressant sur la touche **Enter** à chaque fin de ligne)

8374 8374 8374 8374 8374 8374 8374 8374 8374 8374
8374 8374 8374 8374 8374 8374

Exercice 3.-

Partant des touches de base, reproduisez 5 fois la ligne suivante en répétant mentalement ou à voix basse 6 5 0 1 espace : (Faites un retour chariot en pressant sur la touche **Enter** à chaque fin de ligne)

6501 6501 6501 6501 6501 6501 6501 6501 6501 6501
6501 6501 6501 6501 6501 6501 6501

Résumé.-

Pour taper les chiffres, le pavé n'a pas été utilisé, mais les touches du clavier. L'accès aux chiffres se fait en appliquant les règles utilisées lors de l'étude de la troisième rangée. Les index exécutent 4 5 et 6 7, les majeurs 3 et 8, les annulaires 2 et 9 et les petits doigts 1 0 -

= (le Retrait Backspace et l'accent grave ` ne sont pas couverts dans ce bouquin).

Rappelez-vous que vous devez toujours revenir à la position de base après avoir frappé une touche. Essayez toujours de rechercher la correspondance qui existe entre les exercices physiques et les mouvements de vos poignets pour vous éloigner de la rangée de base et y revenir.

X.- 7ème heure: Les mots simples et la technique de la non sub-vocalisation

L'objectif de ce chapitre est de maîtriser effectivement les touches du clavier et d'acquérir une vitesse appréciable

Conseils.-

Jusqu'ici vous avez appris à répéter mentalement ou à voix basse le nom des touches frappées. Cela vous a permis de connaître instinctivement leur position sur le clavier. Cette tendance, vous l'avez remarquée aussi chez vous quand vous lisez. Elle entraîne du coup un ralentissement de votre vitesse de lecture. Même si vous lisez « dans votre cœur »vous entendez quand même une « voix intérieure », c'est la sub-vocalisation. Essayez de le vérifier en lisant silencieusement un paragraphe d'un livre quelconque. La sub-vocalisation vous empêche de lire plus vite. Il en est de même lorsque vous tapez une phrase. Si vous vous mettez à épeler chaque mot votre vitesse en souffrira. Il faut essayer au maximum de reproduire sur le clavier les mots que vous entendez sans les épeler. C'est la technique de la « non sub-vocalisation», qui vous permettra d'atteindre des vitesses extraordinaires en lisant ou en tapant. A partir de maintenant, vous devez l'appliquer.

Exercices.-

Vous devez exécuter les exercices suivants en essayant de ne pas vocaliser comme vous avez appris à le faire au début du cours. C'est-à-dire, qu'en écrivant un mot il ne faut pas l'épeler mentalement. Essayez le plus possible de faire taire votre voix intérieure qui épelle chaque mot que vous voulez taper. C'est la technique de la non subvocalisation. Si vous arrivez à faire cela systématiquement à chaque fois que vous tapez un mot, vous allez atteindre une très grande vitesse.

Exercice 1.- Reproduisez deux fois les paragraphes suivants:

Le la les ; un une des ; mon ma mes ;mon ton son ; il elle ils elles ; La ba na ra sa ; Le be ne re se ;Li bi ni ri si ; Lo bo no ro so ; Lu bu nu ru su ; Le Ma me mi mo mu ; Mon ton son nos vos leurs ; Qui que quoi dont ; Sa son ses nos vos ; Bobo papa maman.

Après un mot il faut laisser un espace; après une virgule ou un point-virgule il faut laisser un espace; après un point il en faut deux; et après un paragraphe faites un retour chariot en appuyant sur la touche "Enter".

Exercice 2.- Écrivez 2 paragraphes contenant les mots suivants :

Sal ; salle ; lire , pile, rate, gerbe, fleurs, mule, yole, que, quand, sol, salon, semi, demi, prix, zeste, zuzu, kilo, wagon, lune, voix, rayon, verve, barbe , chaud, chaux, chauve, souris, voiture, querelle ; zinc, rat, pile, pont, mont.

Exercice 3.-

Composez des mots non accentués d'une ou de deux syllabes et essayez de la taper. (faites une ligne par mot)

Exercice 4.-

Reproduisez sur une ligne chacune des phrases suivantes :

J'ai fait un bon investissement en achetant ce bouquin ; j'apprends le clavier facilement; je suis content car je progresse bien vite ; le contenu de ce livre pratique me convient parfaitement ; je vais le pratiquer chaque jour ; mes amis aussi seront heureux d'apprendre le clavier QWERTY ; je vais leur en parler, cependant ils doivent travailler vingt à trente minutes par jour comme je le fais et suivre les conseils et les instructions du bouquin. Il le feront car ils veulent eux aussi taper plus vite.

Exercice 5.-

Composez 3 paragraphes avec la phrase suivante:

Le bébé ne veut pas manger du blé, il préfère du thé. Son papa lui a acheté du pâté, mais sa maman se fâche. Celle-ci se met en colère et à coup sûr, ordonne à son mari l'ordre de sortir de la salle. L'homme réplique en disant: "C'est drôle. Suis-je dans un rêve? Je ne sais où aller!"

N.B- Pour reproduire :

- la lettre "é" = "alt 130" : maintenez enfoncer la touche "alt" avec la main gauche puis pressez, alternativement avec la main droite, les touches 1, 2 et 3 du pavé numérique.

- la lettre "è" ="alt 138" : maintenez enfoncer la touche "alt" avec la main gauche puis pressez, alternativement avec la main droite, les touches 1, 3 et 8 du pavé numérique.

- la lettre "ê" = "alt 136" : maintenez enfoncer la touche "alt" avec la main gauche puis pressez, alternativement avec la main droite, les touches 1, 3 et 6 du pavé numérique.

- la lettre "â" = "alt 131": maintenez enfoncer la touche "alt" avec la main gauche puis pressez, alternativement avec la main droite, les touches 1, 3 et 1 du pavé numérique.

- la lettre "à" = "alt 133": maintenez enfoncer la touche "alt" avec la main gauche puis pressez, alternativement avec la main droite, les touches 1, 3 et 3 du pavé numérique.

- la lettre "û" = "alt 150" : maintenez enfoncer la touche "alt" avec la main gauche puis pressez, alternativement avec la main droite, les touches 1, 5 et 0 du pavé numérique.

- la lettre "ù" = "alt 151": maintenez enfoncer la touche "alt" avec la main gauche puis pressez, alternativement avec la main droite, les touches 1, 5 et 1 du pavé numérique.

- la lettre "ô" = "alt 147": maintenez enfoncer la touche "alt" avec la main gauche puis pressez, alternativement avec la main droite, les touches 1, 4 et 7 du pavé numérique.

- la lettre "î" = "alt 140": maintenez enfoncer la touche "alt" avec la main gauche puis pressez, alternativement avec la main droite, les touches 1, 4 et 0 du pavé numérique.

- la lettre "ç" = "alt 135": maintenez enfoncer la touche "alt" avec la main gauche puis pressez, alternativement avec la main droite, les touches 1, 3 et 5 du pavé numérique.

- la lettre "ñ" = "alt 164" : maintenez enfoncer la touche "al" avec la main gauche puis pressez alternativement avec la main droite, les touchel 1, 6 et 4 du pavé numérique.

- la lettre "í" = "alt 161" : maintenez enfoncer la touche "al" avec la main gauche puis pressez alternativement avec la main droite, les touchel 1, 6 et 1 du pavé numérique.

- la lettre "ó" = "alt 162" : maintenez enfoncer la touche "al" avec la main gauche puis pressez alternativement avec la main droite, les touchel 1, 6 et 2 du pavé numérique.

- la lettre "Ñ" = "alt 165" : maintenez enfoncer la touche "al" avec la main gauche puis pressez alternativement avec la main droite, les touchel 1, 6 et 5 du pavé numérique.

- a lettre "Ü" = "alt 154" : maintenez enfoncer la touche "alt" avec la main gauche puis pressez alternativement avec la main droite, les touchel 1, 5 et 4 du pavé numérique.

- le symbole "ü" ="alt 0252" : maintenez enfoncer la touche "alt" avec la main gauche puis pressez alternativement avec la main droite, les touchel 0,2, 5 et 2 du pavé numérique.

- le symbole "Ö" ="alt 0214" : maintenez enfoncer la touche "alt" avec la main gauche puis pressez alternativement avec la main droite, les touchel 0,2, 1 et 4 du pavé numérique.

- le symbole "ö" ="alt 0246" : maintenez enfoncer la touche "alt" avec la main gauche puis pressez alternativement avec la main droite, les touchel 0,2, 4 et 6 du pavé numérique.

- le symbole "ä" ="alt 0228" : maintenez enfoncer la touche "alt" avec la main gauche puis pressez alternativement avec la main droite, les touchel 0,2, 2 et 8 du pavé numérique.

- le symbole "ë" ="alt 0235" : maintenez enfoncer la touche "alt" avec la main gauche puis pressez alternativement avec la main droite, les touchel 0,2, 3 et 5 du pavé numérique.

- le symbole "Œ" ="alt 0140" : maintenez enfoncer la touche "alt" avec la main gauche puis pressez alternativement avec la main droite, les touchel 0,1, 4 et 0 du pavé numérique.

- le symbole "¿" ="alt 0191" : maintenez enfoncer la touche "alt" avec la main gauche puis pressez alternativement avec la main droite, les touchel 0,1, 9 et 1 du pavé numérique.

- le symbole "¡□□" ="alt 0161" : maintenez enfoncer la touche "alt" avec la main gauche puis pressez alternativement avec la main droite, les touchel 0,1, 6 et 1 du pavé numérique.

- le symbole "§" ="alt 0167" : maintenez enfoncer la touche "alt" avec la main gauche puis pressez alternativement avec la main droite, les touchel 0,1, 6 et 7 du pavé numérique.

- le symbole "œ" ="alt 0156" : maintenez enfoncer la touche "alt" avec la main gauche puis pressez alternativement avec la main droite, les touchel 0,1, 4 et 0 du pavé numérique.

- le symbole "ï" ="alt 0239" : maintenez enfoncer la touche "alt" avec la main gauche puis pressez alternativement avec la main droite, les touchel 0,2, 3 et 9 du pavé numérique.

- le symbole "Œ" ="alt 0140" : maintenez enfoncer la touche "alt" avec la main gauche puis pressez alternativement avec la main droite, les touchel 0,1, 4 et 0 du pavé numérique.

- le symbole "æ" ="alt 0230" : maintenez enfoncer la touche "alt" avec la main gauche puis pressez alternativement avec la main droite, les touchel 0,2, 3 et 0 du pavé numérique.

- le symbole "Æ" ="alt 0198" : maintenez enfoncer la touche "alt" avec la main gauche puis pressez alternativement avec la main droite, les touchel 0,1, 9 et 8 du pavé numérique.

- le symbole "ß" ="alt 225" : maintenez enfoncer la touche "alt" avec la main gauche puis pressez alternativement avec la main droite, les touchel ,2, 2 et 5 du pavé numérique.

- le symbole "‰" ="alt 0137" : maintenez enfoncer la touche "alt" avec la main gauche puis pressez alternativement avec la main droite, les touchel 0,1, 4 et 0 du pavé numérique.

- le symbole "®" ="alt 0174" : maintenez enfoncer la touche "alt" avec la main gauche puis pressez alternativement avec la main droite, les touchel 0,1, 4 et 0 du pavé numérique.

- le symbole "©" ="alt 0169" : maintenez enfoncer la touche "alt" avec la main gauche puis pressez alternativement avec la main droite, les touchel 0,1, 6 et 9 du pavé numérique.

- le symbole "™" ="alt 0153" : maintenez enfoncer la touche "alt" avec la main gauche puis pressez alternativement avec la main droite, les touchel 0,1, 5 et 3 du pavé numérique.

- le symbole "€" ="alt 0128" : maintenez enfoncer la touche "alt" avec la main gauche puis pressez alternativement avec la main droite, les touchel 0,1, 2 et 8 du pavé numérique.

- le symbole "¥" ="alt 0165" : maintenez enfoncer la touche "alt" avec la main gauche puis pressez alternativement avec la main droite, les touchel 0,1, 6 et 5 du pavé numérique.

- le symbole "£" ="alt 0163" : maintenez enfoncer la touche "alt" avec la main gauche puis pressez alternativement avec la main droite, les touchel 0,1, 6 et 3 du pavé numérique.

- le symbole "α" ="alt 224" : maintenez enfoncer la touche "alt" avec la main gauche puis pressez alternativement avec la main droite, les touchel 2, 2 et 4 du pavé numérique.

- le symbole "Σ" ="alt 228" : maintenez enfoncer la touche "alt" avec la main gauche puis pressez alternativement avec la main droite, les touchel 2, 2 et 8 du pavé numérique.

- le symbole "σ" ="alt 229" : maintenez enfoncer la touche "alt" avec la main gauche puis pressez alternativement avec la main droite, les touchel 2, 2 et 9 du pavé numérique.

- le symbole "µ" ="alt 230" : maintenez enfoncer la touche "alt" avec la main gauche puis pressez alternativement avec la main droite, les touchel 2, 3 et 0 du pavé numérique.

- le symbole "Φ" ="alt 232" : maintenez enfoncer la touche "alt" avec la main gauche puis pressez alternativement avec la main droite, les touchel 2, 3 et 2 du pavé numérique.

- le symbole "φ" ="alt 237" : maintenez enfoncer la touche "alt" avec la main gauche puis pressez alternativement avec la main droite, les touchel 2, 3 et 7 du pavé numérique

- le symbole "Ω" ="alt 234" : maintenez enfoncer la touche "alt" avec la main gauche puis pressez alternativement avec la main droite, les touchel 2, 3 et 4 du pavé numérique.

- le symbole "δ" ="alt 235" : maintenez enfoncer la touche "alt" avec la main gauche puis pressez alternativement avec la main droite, les touchel 2, 3 et 5 du pavé numérique.

- le symbole "π" ="alt 214" : maintenez enfoncer la touche "alt" avec la main gauche puis pressez alternativement avec la main droite, les touchel 2, 1 et 4 du pavé numérique.

- le symbole "╪" ="alt 216" : maintenez enfoncer la touche "alt" avec la main gauche puis pressez alternativement avec la main droite, les touchel 2, 1 et 6 du pavé numérique.

- le symbole "∞" ="alt 236" : maintenez enfoncer la touche "alt" avec la main gauche puis pressez alternativement avec la main droite, les touchel 2, 3 et 6 du pavé numérique.

- le symbole "ε" ="alt 238" : maintenez enfoncer la touche "alt" avec la main gauche puis pressez alternativement avec la main droite, les touchel 2, 3 et 8 du pavé numérique.

- le symbole "±" ="alt 241" : maintenez enfoncer la touche "alt" avec la main gauche puis pressez alternativement avec la main droite, les touchel 2, 4 et 1 du pavé numérique.

- le symbole "≥" ="alt 242" : maintenez enfoncer la touche "alt" avec la main gauche puis pressez alternativement avec la main droite, les touchel 2, 4 et 2 du pavé numérique.

- le symbole "≤" ="alt 243" : maintenez enfoncer la touche "alt" avec la main gauche puis pressez alternativement avec la main droite, les touchel 2, 4 et 3 du pavé numérique.

- le symbole "Σ" ="alt 228" : maintenez enfoncer la touche "alt" avec la main gauche puis pressez alternativement avec la main droite, les touchel 2, 2 et 8 du pavé numérique.

- le symbole "¼" ="alt 0188" : maintenez enfoncer la touche "alt" avec la main gauche puis pressez alternativement avec la main droite, les touchel 0, 1, 8 et 8 du pavé numérique.

- le symbole "½" ="alt 0189" : maintenez enfoncer la touche "alt" avec la main gauche puis pressez alternativement avec la main droite, les touchel 0, 1, 8 et 9 du pavé numérique.

- le symbole "¾" ="alt 0190" : maintenez enfoncer la touche "alt" avec la main gauche puis pressez alternativement avec la main droite, les touchel 0, 1, 9 et 0 du pavé numérique.

XI.- 8ème heure : les dictées simples

Ce chapitre a pour objectif d'aider l'apprenant à taper correctement, et sans fautes les mots et phrases entendus lors des dictées.

Conseils.-

Vous êtes prié de relire la Section 7 du chapitre II relatives aux dictées et les conseils du chapitre X : 7ème heure. Pour les dictées simples, ne commencez pas les phrases par une majuscule. Les majuscules seront abordées au prochain chapitre. Ne perdez pas votre temps à corriger les fautes pendant la dictée mais après. Tapez les mots avec une vitesse normale, raisonnable. Avant de commencer, repérez la position des touches J et F, et placez vos doigts sur la rangée de base.

Exercices.-

1.- Le pigeon.-

Le pigeon marche calmement sur le toit de la maison. Il entend les pas de l'enfant qui s'avance au loin ; il vole vers l'arbre d'en face. Il se pose sur une branche, roucoule, bat de l'aile en remuant son joli bec. Le jeune homme le regarde, ramasse un caillou et le lance en sa direction. D'un geste rapide, le majestueux oiseau esquive la pierre et va se mettre un peu plus loin sur une autre branche. Le cruel bambin le poursuit en lui jetant des galets. Le pigeon, alors, battant de l'aile vite et fort finit par se sauver.

2.- La vie.-

La vie est belle, elle n'est pas absurde ; il faut la vivre pleinement et ne rien y regretter. Un simple constat de ce qui se passe autour de nous prouve que la vie est parfois facile, parfois difficile, pleine de joie, de bonheur et de tristesse. Il ne faut donc pas se lamenter sur sa situation et accepter de perdre parfois. On peut tirer profits et avantages de son malheur, un contrat plus juteux pourra par la suite en suivre.

3.- « La vie et la mort sont au pouvoir de la langue…

… Il ne faut pas compter sur les paroles, il faut les peser…. Parler peu est de l'or, parler trop est de la boue ». (Iadino : 1938). « Un seul œil est plus digne d'être cru que deux oreilles ». (Yiddish : 2410). « Le mensonge n'a qu'une jambe, la vérité en a deux. Avec un mensonge on va loin, mais sans espoir de retour ». (Yiddish 3627). « Le summum de la puissance consiste dans le fait de transformer tes ennemis en amis. Un héros est celui qui conquiert ses passions ». (Yiddish 1852). « Le temps est le meilleur des médecins ». (Yiddish 1795. La vie – Le fils et la fille – La morale – la sagesse – les parents – l'amitié)

4.- « Le lever du soleil.-

On le voit s'annoncer de loin par les traits de feu qu'il lance au-devant de lui. L'incendie augmente, l'orient paraît tout en flammes ; à leur éclat on attend l'astre longtemps avant qu'il se montre ; à chaque instant on croit le voir paraître ; on le voit enfin. Le voile des ténèbres s'efface et tombe. La verdure a pris, durant la nuit, une vigueur nouvelle ; le jour naissant qui l'éclaire, les premiers rayons qui la dorent la montrent couverte d'un brillant réseau de rosée qui réfléchit à l'œil la lumière et les couleurs. Les oiseaux en chœur se réunissent et saluent de concert le père de la vie : en ce moment pas un seul ne se tait. » J.J. ROUSSEAU.

XII.- 9ème heure : Les majuscules et les caractères spéciaux

L'objectif de ce chapitre est la maîtrise des lettres majuscules et de certains symboles du clavier.

Instructions.-

Certaines touches du clavier ont deux fonctions. Pour accéder à la deuxième fonction (fonction supérieure) d'une touche on doit presser presqu'en même temps la touche majuscule (SHIFT) et la touche en question. De ce fait, tout comme les caractères spéciaux, les lettres majuscules, sont touchés à l'aide d'une combinaison de deux doigts de deux mains différentes. Pour les lettres majuscules et les symboles situés à gauche ou placés sous la responsabilité de votre main gauche, vous aurez le soin de presser la touche majuscule (SHIFT)se trouvant sous votre main droite et de taper ensuite la touche désirée avec le doigt correspondant de votre main gauche. Par exemple : pour exécuter A majuscule, pressez la touche majuscule (SHIFT) avec le petit doigt de la main droite et ensuite frappez la touche A avec le petit doigt de la main gauche. Pour les lettres majuscules et les symboles situés à droite ou placés sous la responsabilité de votre main droite, vous aurez le soin de presser la touche majuscule (SHIFT) se trouvant sous votre main gauche et de taper ensuite la touche désirée avec le doigt correspondant de votre main droite. Par exemple : pour exécuter la touche P majuscule, presser la touche majuscule (SHIFT) avec le petit doigt de la main gauche et ensuite taper la touche P avec le petit doigt de la main droite.

Conseils.-

Pour les symboles et caractères spéciaux (! @ # $ % ^ & * ( ) – et +), suivez les mêmes règles que pour les lettres majuscules en tenant compte du doigt qui doit les taper. Vous êtes prié de vous reporter au résumé, à la fin du chapitre pour un rappel sur cette notion. Notez que le mouvement des poignets lors de l'accès aux chiffres et aux symboles est plus prononcé.

Quand vous voulez taper la lettre A majuscule par exemple, vous devez prendre appui sur la touche J (index de la main droite) qui sert alors de pivot , reculez le petit doigt de cette même main droite pour tenir enfoncer la touche majuscule (SHIFT) comme dans la deuxième partie du mouvement de l'exercice #2 (position B), puis pressez sur la touche A avec le petit doigt de votre main gauche. Vos doigts à la fin doivent revenir à leur position de base.

Cette même technique s'applique pour S D F et G.

Quand vous voulez taper la lettre J majuscule par exemple, vous devez prendre appui sur la touche F (index de la main gauche) qui sert alors de pivot, reculez le petit doigt de cette même main gauche pour tenir enfoncer la touche majuscule (SHIFT) comme dans la deuxième partie du mouvement de l'exercice #2 (position B), puis pressez sur la touche J avec l'index de votre main droite.

Cette même technique s'applique pour k L et H.

Quand vous voulez taper la lettre P majuscule par exemple , vous devez prendre appui sur la touche F (index de la main gauche) qui sert alors de pivot, reculez le petit-doigt de cette même main gauche pour tenir enfoncer la touche majuscule (SHIFT) comme dans la deuxième partie du mouvement de l'exercice #2 (position B), puis presser sur la touche P avec le petit doigt de la main droite comme dans la première phase de l'exercice # 2 (position A) en prenant appui sur la touche J. Vos doigts à la fin doivent revenir sur à position de base. Recroquevillez-les donc comme dans la deuxième phase de l'exercice #1 (Position 2).

Quand vous voulez taper la lettre Q majuscule par exemple, vous devez prendre appui sur la touche J (index de la main droite) qui sert alors de pivot, reculer le petit-doigt de cette même main droite pour tenir enfoncer la touche majuscule (SHIFT) comme dans la deuxième partie du mouvement de l'exercice #2 (position B), puis presser sur la touche Q avec le petit doigt de la main gauche comme dans la première partie de l'exercice #2 (position A) en prenant appui sur la touche F. Vos doigts, à la fin, doivent revenir sur à leur position de base. Recroquevillez-les donc comme dans la deuxième phase de l'exercice #1 (Position 2).

Quand vous voulez taper la lettre W majuscule par exemple, vous devez prendre appui sur la touche J (index de la main droite) qui sert alors de pivot. Reculez le petit-doigt de cette même main droite pour tenir enfoncer la touche majuscule (SHIFT) comme dans la deuxième partie du mouvement de l'exercice #2 (position B), puis presser sur la touche W avec l'annulaire de votre main gauche comme dans la première partie de l'exercice #2 (position A) en prenant appui sur la touche F. Vos doigts, à la fin, doivent revenir sur à leur position de base. Recroquevillez-les donc comme dans la deuxième phase de l'exercice #1 (Position 2).

Quand vous voulez taper la lettre O majuscule par exemple , vous devez prendre appui sur la touche F (index de la main gauche) qui sert alors de pivot, reculez le petit-doigt de cette même main gauche pour tenir enfoncer la touche majuscule (SHIFT) comme dans la deuxième partie du mouvement de l'exercice #2 (position B), puis presser sur la touche O avec l'annulaire de la main droite comme dans la première phase de l'exercice # 2 (position A) en prenant appui sur la touche J. Vos doigts à la fin doivent revenir sur à position de base. Recroquevillez-les donc comme dans la deuxième phase de l'exercice #1 (Position 2).

Pour taper la lettre E majuscule par exemple, vous devez prendre appui sur la touche J (index de la main droite) qui sert alors de pivot. Reculez le petit-doigt de cette même main droite pour tenir enfoncer la touche majuscule (SHIFT) comme dans la deuxième partie du mouvement de l'exercice #2 (position B), puis presser sur la touche E avec le majeur de votre main gauche en l'allongeant droit devant vous.

Pour la lettre I majuscule par exemple, vous devez prendre appui sur la touche F (index de la main gauche) qui sert alors de pivot. Reculez le petit-doigt de cette même main gauche pour tenir enfoncer la touche majuscule (SHIFT) comme dans la deuxième partie du mouvement de l'exercice #2 (position B), puis presser sur la touche I avec le majeur de votre main droite en l'allongeant droit devant vous.

Pour taper la lettre R majuscule par exemple. Vous devez prendre appui sur la touche J (index de la main droite) qui sert alors de pivot. Reculez le petit-doigt de cette même main droite pour tenir enfoncer la touche majuscule (SHIFT) comme dans la deuxième partie du mouvement de l'exercice #2 (position B). Puis prenez appui sur la touche A (petit doigt de votre main gauche), levez vos autres doigts de la main gauche et avec l'index gauche légèrement tourné vers la gauche et en avant frappez la touche R (comme dans la première partie de l'exercice #2- position A).

Pour taper la lettre U majuscule par exemple. Prenez appui sur la touche F (index de la main gauche) qui sert alors de pivot. Reculez le petit-doigt de cette même main gauche pour tenir enfoncer la touche majuscule (SHIFT) comme dans la deuxième partie du mouvement de l'exercice #2 (position B). Puis prenez appui sur la touche ; point-virgule (petit doigt de votre main droite), et glissez votre index droit vers l'avant pour frapper la touche U.

Pour taper la lettre T majuscule par exemple. Vous devez prendre appui sur la touche J (index de la main droite) qui sert alors de pivot. Reculez le petit-doigt de cette même main droite pour tenir enfoncer la touche majuscule (SHIFT) comme dans la deuxième partie du mouvement de l'exercice #2 (position B). Puis prenez appui sur la touche A (petit doigt de votre main gauche), et glissez l'index gauche tout droit devant vous pour frapper la touche T.

Pour taper la lettre Y majuscule par exemple. Prenez appui sur la touche F (index de la main gauche) qui sert alors de pivot. Reculez le petit-doigt de cette même main gauche pour tenir enfoncer la touche majuscule (SHIFT) comme dans la deuxième partie du mouvement de l'exercice #2 (position B).). Puis prenez appui sur la touche ; point-virgule (petit doigt de votre main droite), levez vos autres doigts de la main droite et avec l'index droit légèrement tourné vers la gauche et en avant frappez la touche Y (comme dans la première partie de l'exercice #2-position A).

Pour taper la touche ! (point d'exclamation), prenez appui sur la touche J (index de la main droite) sans presser dessus. Reculez le petit-doigt de cette même main droite pour tenir enfoncer la touche majuscule (SHIFT) comme dans la deuxième partie du mouvement de l'exercice #2 (position B). Le poignet gauche est tourné vers la gauche (l'intérieur) comme à l'exercice physique # 2-position A). Prenez appui sur F (index gauche). Levez les trois autres doigts de votre main gauche. Frappez le ! (touche 1) avec votre petit doigt gauche. Pour ramener vos doigts sur leur position de base, il suffit de les replier les comme dans la deuxième phase de l'exercice physique # 1 en les ramenant vers l'arrière.

Pour taper la touche «)», prenez appui sur la touche F (index de la main gauche) sans presser dessus. Reculez le petit-doigt de cette même main gauche pour tenir enfoncer la touche majuscule (SHIFT) comme dans la deuxième partie du mouvement de l'exercice #2 (position B). Le poignet droit est tourné vers la gauche (l'intérieur) comme à l'exercice physique # 2-position A). Prenez appui sur J (index droit). Levez les trois autres doigts de votre main droite. Frappez le «) » (touche 0) avec votre petit doigt de la main droite. Pour ramener vos doigts sur leur position de base, il suffit de les replier les comme dans la deuxième phase de l'exercice physique # 1 en les ramenant vers l'arrière.

Pour taper le symbole @, prenez appui sur la touche J (index de la main droite) sans presser dessus. Reculez le petit-doigt de cette même main droite pour tenir enfoncer la touche majuscule (SHIFT) comme dans la deuxième partie du mouvement de l'exercice #2 (position B). Le poignet gauche est tourné vers la droite (l'intérieur) comme à l'exercice physique # 2-position A). Prenez appui sur F (index gauche). Levez les trois autres doigts de votre main gauche. Frappez « @ » avec votre annulaire gauche. Pour ramener vos doigts sur leur position de base, il suffit de les replier les comme dans la deuxième phase de l'exercice physique # 1 en les ramenant vers l'arrière.

Pour taper la touche «(», prenez appui sur la touche F (index de la main gauche) sans presser dessus. Reculez le petit-doigt de cette même main gauche pour tenir enfoncer la touche majuscule (SHIFT) comme dans la deuxième partie du mouvement de l'exercice #2 (position B). Le poignet droit est tourné vers la gauche (l'intérieur) comme à l'exercice physique # 2-position A). Prenez appui sur J (index droit). Levez les trois autres doigts de votre main droite. Frappez la touche « (» avec l'annulaire de votre main droite. Pour ramener vos doigts sur leur position de base, il suffit de les replier les comme dans la deuxième phase de l'exercice physique # 1 en les ramenant vers l'arrière.

Pour taper le symbole « # », prenez appui sur la touche J (index de la main droite) sans presser dessus. Reculez le petit-doigt de cette même main droite pour tenir enfoncer la touche majuscule (SHIFT) comme dans la deuxième partie du mouvement de l'exercice #2 (position B). Le poignet gauche est tourné vers la droite (l'intérieur) comme à l'exercice physique # 2-position A). Prenez appui sur F (index gauche). Levez les trois autres doigts de votre main gauche. Frappez « # » avec le majeur de votre main gauche. Pour ramener vos doigts sur leur position de base, il suffit de les replier les comme dans la deuxième phase de l'exercice physique # 1 en les ramenant vers l'arrière.

Pour taper la touche «*», prenez appui sur la touche F (index de la main gauche) sans presser dessus. Reculez le petit-doigt de cette même main gauche pour tenir enfoncer la touche majuscule (SHIFT) comme dans la deuxième partie du mouvement de l'exercice #2 (position B). Le poignet droit est tourné vers la gauche (l'intérieur) comme à l'exercice physique # 2-position A). Prenez appui sur J (index droit). Levez les trois autres doigts de votre main droite. Frappez la touche « * » avec le majeur de votre de la main droite. Pour ramener vos doigts sur leur position de base, il suffit de les replier les comme dans la deuxième phase de l'exercice physique # 1 en les ramenant vers l'arrière.

Pour taper le symbole « $ », prenez appui sur la touche J (index de la main droite) sans presser dessus. Reculez le petit-doigt de cette même main droite pour tenir enfoncer la touche majuscule (SHIFT) comme dans la deuxième partie du mouvement de l'exercice #2 (position B). Le poignet gauche est tourné vers la gauche (l'extérieur) comme à l'exercice physique # 2-position B). Prenez appui sur A (petit doigt de la main gauche). Levez les trois autres doigts de votre main gauche. Frappez « $ » avec votre index gauche. Pour ramener vos doigts sur leur position de base, il suffit de les replier les comme dans la deuxième phase de l'exercice physique # 1 en les ramenant vers l'arrière.

Pour taper l'esperluette «& », prenez appui sur la touche F (index de la main gauche) sans presser dessus. Reculez le petit-doigt de cette même main gauche pour tenir enfoncer la touche majuscule (SHIFT) comme dans la deuxième partie du mouvement de l'exercice #2 (position B). Prenez appui sur la touche point-virgule (petit doigt de la main droite). Levez les trois autres doigts de votre main droite. Allongez l'index de votre main droite tout droit et Frappez le symbole « & ». Pour ramener vos doigts sur leur position de base, il suffit de les replier les comme dans la deuxième phase de l'exercice physique # 1.

Pour taper le symbole «% », prenez appui sur la touche J (index de la main droite) sans presser dessus. Reculez le petit-doigt de cette même main droite pour tenir enfoncer la touche majuscule (SHIFT) comme dans la deuxième partie du mouvement de l'exercice #2 (position B). Prenez appui sur la touche A (petit doigt de la main gauche). Levez les trois autres doigts de votre main gauche. Allongez l'index de votre main gauche vers l'avant en l'écartant vers la droite pour frapper le symbole « % ». Pour ramener vos doigts sur leur position de base, il suffit de les replier les comme dans la deuxième phase de l'exercice physique # 1.

Pour taper «^», prenez appui sur la touche J (index de la main droite) sans presser dessus. Reculez le petit-doigt de cette même main droite pour tenir enfoncer la touche majuscule (SHIFT) comme dans la deuxième partie du mouvement de l'exercice #2 (position B). Prenez appui sur la touche point-virgule (petit doigt de la main droite). Levez les trois autres doigts de votre main droite. Allongez l'index de votre main droite vers l'avant en l'écartant vers la gauche pour frapper le symbole « ^ ». Pour ramener vos doigts sur leur position de base, il suffit de les replier les comme dans la deuxième phase de l'exercice physique # 1.

Pratique.-

Pratique 1.-

Partant de la position de base (ASDFJKL ;) et en répétant le mot puis espace, mentalement ou à voix basse, tapez 2 fois la ligne suivante :

La La La La La La La La La La La La La La La La La La La La La La La La La La La la La la (2 fois) ;

Pratique 2.-

Partant de la position de base (ASDFJKL ;) et en répétant le mot puis espace, mentalement ou à voix basse, tapez 2 fois la ligne suivante :

Le Le Le Le Le Le Le Le Le Le Le Le Le Le Le Le Le Le Le Le Le Le Le Le Le Le Le Le (2 fois) ;

Pratique 3.-

Partant de la position de base (ASDFJKL ;) et en répétant le mot puis espace, mentalement ou à voix basse, tapez 2 fois la ligne suivante :

Un Un Un Un Un Un Un Un Un Un Un Un Un Un Un Un Un Un Un Un Un Un Un Un Un (2 fois) ;

Pratique 4.-

Partant de la position de base (ASDFJKL ;) et en répétant le mot puis espace, mentalement ou à voix basse, tapez 2 fois la ligne suivante :

Elle Elle Elle Elle Elle Elle Elle Elle Elle Elle Elle Elle Elle Elle Elle Elle Elle Elle Elle Elle Elle (2 fois)

Pratique 5.-

Partant de la position de base (ASDFJKL ;) et en répétant le mot puis espace, mentalement ou à voix basse, tapez 2 fois la ligne suivante :

Des Des Des Des Des Des Des Des Des Des Des Des Des Des Des Des Des Des Des Des (2 fois)

Exercices.-

Exercice 1.-

Partant de la position de base (ASDFJKL ;) et en répétant les caractères suivants puis espace, (mentalement ou à voix basse), tapez 2 fois la ligne suivante :

) ! (2 fois).

Exercice 2.-

Partant de la position de base (ASDFJKL ;) et en répétant les caractères suivants puis espace, (mentalement ou à voix basse), tapez 2 fois la ligne suivante :

(@ (2 fois).

Exercice 3.-

Partant de la position de base (ASDFJKL ;) et en répétant les caractères suivants puis espace, (mentalement ou à voix basse), tapez 2 fois la ligne suivante :

*# (2 fois).

Exercice 4.-

Partant de la position de base (ASDFJKL ;) et en répétant les caractères suivants puis espace, (mentalement ou à voix basse), tapez 2 fois la ligne suivante :

&$ &$ &$ &$ &$ &$ &$ &$ &$ &$ &$ &$ &$ &$ &$ &$ &$ &$ &$ &$ &$ &$ &$ &$ &$ &$ (2 fois)

Exercice 5.-

Partant de la position de base (ASDFJKL ;) et en répétant les caractères suivants puis espace, (mentalement ou à voix basse), tapez 2 fois la ligne suivante :

^% ^% ^% ^% ^% ^% ^% ^% ^% ^% ^$ ^% ^% ^% ^% ^% ^% ^% ^% ^% ^% ^% ^% ^% ^% (2 fois)

Résumé.-

Les lettres majuscules et certains caractères spéciaux s'obtiennent par une combinaison de deux touches : Majuscule (SHIFT) et la lettre ou le caractère spécial en question. Essayez toujours de rechercher la correspondance qui existe entre les exercices physiques décrits plus haut et la façon d'accéder aux touches puis de revenir sur la position de base (Home keys). Rappelez-vous que :

Main gauche :

Le petit doigt de la main gauche est responsable de la première colonne de touches c'est-à-dire que c'est lui qui exécute les touches 1 Q A Z et Majuscule (SHIFT) de gauche.

L'annulaire de la main gauche exécute les touches 2 W S X.

Le majeur (le doigt du milieu) exécute les touches 3 E D C.

L'index de la main gauche est responsable de 2 colonnes du milieu du clavier : 4RFVet 5TGB.

Main droite :

L'index de la main droite est responsable de 2 colonnes du milieu du clavier : 6YHN et 7UJM.

Le majeur (le doigt du milieu) exécute les touches 8 I K virgule ; L'annulaire de la main droite exécute les touches 9 o l point .

Le petit doigt de la main droite est responsable en particulier des touches Zéro P point-virgule / (slash) et de toutes les autres touches situées plus à sa droite, c'est-à-dire : Tiret [«crochet ouvert » apostrophe Majuscule (SHIFT) de droite =] «crochet fermé» Enter et Backspace \.

XIII.- 10ème heure : L'utilisation du « bandeau» et les dictées niveau 1

Après cette leçon, vous êtes supposé avoir toutes les techniques et aussi savoir la position de toutes les touches pour taper aisément sans regarder le clavier (ou l'écran si vous en disposez un) et même avec les yeux bandés.

Conseils.-

Il est recommandé de mettre un bandeau sur ses yeux et de pratiquer le clavier environ 2 à 3 minutes par jour. Vous pouvez soit vous faire donner une dictée par quelqu'un, soit improviser vous-même une dictée. N'essayez pas, en prenant une dictée, d'épeler mentalement les mots mais plutôt de les reproduire au fur et à mesure que vous les entendez. Il faut bien repérer la position des touche J et F avant de commencer la dictée. Evitez au mieux de perdre la position de base (ASDF JKL ;). Si vous avez sauté un mot, il vous sera impossible avec les yeux bandés de revenir en arrière pour le taper, donc continuez sans vous en occuper. Dans les dictées simples, les caractères qui demandent une combinaison des doigts des deux mains sont utilisés le moins que possible, vous n'aurez donc pas trop de difficulté pour les réussir. Après avoir enlevé le bandeau (blindfold) gardez vos yeux fermés environ 2 minutes avant de les ouvrir.

Exercices.-

Exercice 1.- Faites-vous donner la dictée #1 de la 8ème heure (chapitre XII) « le pigeon » en ayant soin de porter un bandeau sur vos yeux. Puis enlevez votre bandeau. Qu'en pensez-vous?

Exercice 2.-

Reproduisez le texte suivant puis faites-vous le donner comme dictée par quelqu'un d'autre:

Pour moi, ma première dictée avec les yeux bandés fut une catastrophe. Mes compagnons mourraient de rire en regardant ce que j'avais tapé. Je ne m'étais pas rendu compte que le curseur s'était positionné sur un texte en haut de la page et étonnement il changeait de position à chaque fois. J'avais voulu faire de la vitesse en prenant cette dictée et j'en payais les conséquences. Voulant aussi commencer la dictée par une lettre majuscule mes doigts s'écartaient de la position de base sans que je puisse m'en apercevoir. Ce fut terrible. Mon dernier conseil est de toujours commencer une dictée sur une page vierge de votre logiciel de traitement de texte.

Exercice 3.- Avec les yeux bandés dictez-vous des monosyllabes.

Exercice 4.- Toujours avec les yeux bandés faites-vous donner des dictées composées de phrases simples, courtes.

Exercice 5.- Reprendre l'exercice 1 deux fois de suite.

Exercice 6.- Faites vous donner la dictée suivante:

Je viens d'apprendre quelques techniques simples qui me permettront de me servir plus habilement du clavier de mon ordinateur. Je dois aussi les enseigner aux personnes de mon entourage puisqu'un adage dit : "Ce que tu ne sais pas faire, enseigne-le". Je veux toujours les pratiquer afin de ne pas les oublier. Je crois que maintenant mon objectif est d'atteindre 80 mots par minutes en bossant chaque jour.

XIV.- Conclusion

Vous avez entre vos mains un bouquin précieux qui vous donne tous les principes et des exercices faciles pour taper sans regarder le clavier ou l'écran avec neuf de vos doigts, avec une grande vitesse et une précision extraordinaire. Mangez ce livre, buvez-le, faites-en ce que vous voulez. La pure vérité c'est que si vous ne pratiquez pas chaque jour dans les premiers moments tout au moins ou si vous ne suivez pas les conseils et les instructions vous n'y arriverez pas. Car, personne ne peut vous apprendre à taper convenablement si vous n'avez pas la volonté de le faire. La foi, la volonté et la persévérance dans la pratique du clavier sont les seuls moyens pour vous faire atteindre une vitesse extraordinaire en utilisant la technique de la non sub-vocalisation. Ainsi, je n'ai pas, en écrivant ce livre, la prétention de vous apprendre à taper. Vous avez déjà en vous toutes les potentialités pour le faire. Je n'ai fait que vous exhorter à prendre la décision de travailler durement, de pratiquer le clavier (quinze minutes par jour environ) en appliquant les bons principes décrits dans les pages précédentes. Ce livre vous dit tout ce qu'il faut faire et son auteur vous souhaite le plus grand succès.

Fin.

Une note de l'éditeur "Avec peu d'effort"

"Merci d'avoir lu, pratiqué ou essayé «Le secret de la frappe rythmée: Maîtrisez un clavier QWERTY en 10 heures ». Merci aussi de me d'indiquer toute faute que vous y auriez trouvée à l'adresse email suivante : info_secret_type@yahoo.com . Si vous l'avez apprécié, aidez-moi: Mettez un commentaire qui aide les lecteurs qui sont intéressés mais se demandent si sa lecture en vaut la peine, à se décider. Cela vous prendra seulement une minute, et vous m'aiderez ainsi à vous préparer d'autres « ebooks » de qualité. Allez à http://www.amazon.com/dp/B018SOJWP8 , descendez jusqu'à la rubrique "Commentaires en ligne" et cliquez sur le bouton "Créer votre propre commentaire". D'avance, MERCI !"

www.ingramcontent.com/pod-product-compliance
Lightning Source LLC
Chambersburg PA
CBHW020925180526
45163CB00007B/2880